이야기로 본
인대인
삶 바꾸기

우리의 이야기

이야기로 본
인대인 삶 바꾸기 / 3
우리의 이야기

ⓒ 생명의말씀사 2019

2019년 5월 15일 1판 1쇄 발행

펴낸이 | 김재권
펴낸곳 | 생명의말씀사

등록 | 1962. 1. 10. No.300-1962-1
주소 | 서울시 종로구 경희궁1길 5-9(03176)
전화 | 02)738-6555(본사) · 02)3159-7979(영업)
팩스 | 02)739-3824(본사) · 080-022-8585(영업)

지은이 | 진영훈

기획편집 | 서정희, 장주연
디자인 | 김혜진
인쇄 | 영진문원
제본 | 정문바인텍

ISBN 978-89-04-13216-4 (04230)
ISBN 978-89-04-70054-7 (세트)

저작권자의 허락없이 이 책의 일부 또는 전체를
무단 복제, 전재, 발췌하면 저작권법에 의해 처벌을 받습니다.

OUR STORY

이야기로 본
인대인
삶 바꾸기

세상의 사람들과 함께 동행하는
우리의 이야기

③

OURSTORY

이 성경공부 교재에서 함께 나눌 내용들과 생각해볼 질문들,
그리고 실천할 내용들은 대부분 필자의 경험과 통찰에서 나왔다.
하지만 이 교재를 구성하고 있는 5가지 분류는
'선교적 삶'(missional life)의 대표적인 리더 중 한 명인
마이클 프로스트의 책 『세상을 놀라게 하라』에서 소개하는
5가지 습관을 기본적인 틀로 빌려왔음을 밝혀둔다.

이 교재는 이론적인 학습보다 실제적인 실천에 더 무게를 두고 있다.
따라서 구체적인 실습을 위한 가이드라인으로 사용한다면
가장 효과적이고 풍성한 결과를 보게 될 것이다.
또한 '듣는 것'이 각 강에서 소개하는 주제들의 핵심적인 부분이기에,
듣기에 대한 적용과 실습이 "귀 기울이기"라는 제목으로 들어가 있음을 알려둔다.

CONTENTS

들어가는 글 • 6

1강 진심으로 축복하라 • 12

2강 식탁을 베풀라 • 26

3강 귀 기울여 들으라 • 42

4강 예수를 배우라 • 56

5강 삶을 기록하라 • 68

들어가는 글

누구에게?

이 교재는 신학적인 책이 아니다.
이 교재는 지극히 실천적인 책이다.
이 교재는 깊이 있는 배움을 원하는 사람에게는 부적합할지 모른다.
그러나 하나님의 자녀로서 삶을 바꿔보려는 사람에게는 분명 도움이 될 것이다.

우리는 아는 것에 비해 사는 것이 몹시 부족한 신앙생활을 하고 있다.
이 균형을 잡으려면 지식만 쌓기보다 실천에 더욱 힘써야 한다.

우리 문제의 원인은 '앎의 부족'보다는 '삶의 부족'에, 그리고 '왜곡된 앎'에 있다. 이제는 뒤틀린 앎을 교정하고 올바른 방향을 찾아 하나라도 실천하는 삶으로 나아가야 한다.
나에 대해, 예수님에 대해, 이웃에 대해 뒤틀린 지식을 올바로 하고, 비만 지식 상태에서 건강한 실천으로 한 걸음 나아가기를 소망한다.

어떤 이야기?

전작인 『이야기로 본 새가족 성경공부』는 '예화'라는 '이야기'를 통해 복음에 보다 쉽게 접근한 교재이다. 『이야기로 본 인대인 삶 바꾸기』

역시 '이야기'로 접근하는 교재이지만, 앞의 이야기와는 조금 다르다. 이 교재는 예화라는 제3의 이야기가 아니라, 바로 나의 이야기, 그분의 이야기 그리고 우리의 이야기를 다룰 것이다.

사람은 이론으로 변화되지 않는다. 사람은 마음에 와닿는 이야기로 감동하고, 결단하고, 실천하게 된다. 또한 남의 이야기가 아닌, 나의 이야기를 나눌 때 진정한 마음의 문을 열 수 있다.
이 교재를 통해 나의 인생이 어떤 이야기인지, 복음이 어떻게 나와 상관있는 이야기가 될지, 유령과 같던 사람들이 어떻게 나의 이야기에 동참하게 될지 배우고 나누게 될 것이다.

무엇을 위해?

"너희 마음에 그리스도를 주로 삼아 거룩하게 하고 너희 속에 있는 소망에 관한 이유를 묻는 자에게는 대답할 것을 항상 준비하되 온유와 두려움으로 하고"(벧전 3:15).

이 말씀을 중심으로, 우리는 복음을 지닌 자로서 이제 세상에 대답할 말을 준비해야 한다. 그런데 복음을 묻는 사람이 없어서 대답할 일도 없는가?
어쩌면 내 안에 소망(복음)이 없거나, 있기는 있지만 전혀 보이지 않게 감추어진 것은 아닐까?

OUR STORY >

당연한 일이다. 소망을 철저히 숨기고 머리로만 산다면.
나에게 소망이 있는지, 있다면 그 소망이 사람들에게 보이는지 확인해야 한다. 소망이 없다면 왜 없는지, 무엇이 잘못되었는지 확인해야 한다. 그리고 왜 소망을 숨기고 사는지, 왜 아닌 척하는지 확인해야 한다.

누가 묻지도 않는데, 무엇을 대답할 수 있겠는가.
이 교재는 당신이 사회에서 크리스천인지 질문을 받게 되는 삶을 위해 만들어졌다. '소망을 확실하게 가진 자!', '소망이 확실하게 보이는 자!' 그리고 '대답할 것이 준비된 자!'를 만들기 위해 말이다.

변화의 지향점은?

1. 교회에서 → 교회 밖으로
2. 일 중심에서 → 영혼 중심으로
3. 목사 중심에서 → 하나님 중심으로
4. 강자 중심에서 → 약자 중심으로
5. 의무 중심에서 → 자발적 사랑 중심으로
6. 나 중심에서 → 타인 중심으로
7. 소유 중심에서 → 나눔 중심으로

각 권의 목표는?

1권 **나의 이야기** – 나를 재정비하고 올바른 정체성을 확립한다.
2권 **그분의 이야기** – 복음을 확실히 이해하고 복음의 정신을 삶의 기준으로 세운다.
3권 **우리의 이야기** – 사람을 사랑하고, 동행하며, 함께하는 법을 배운다.

자신의 그릇을 깨끗이 닦고(1권), 그 안에 올바른 복음을 넣고(2권), 그 복음을 사회(세상)에서 사람들과 함께 나누는 삶을 살게 하는 것(3권)이 이 교재의 목표이다.
이 성경공부 과정을 통해 당신은 자신의 인생을 새롭게 바라보게 될 것이다. 그리고 복음으로 사는 법을 실천하게 될 것이다. 또한 이제까지 관심 밖에 있던 사람들을 새롭게 발견하고 그들에게 다가갈 용기를 얻을 것이다.

이 책의 내용은?

3권 l 우리의 이야기

1강 진심으로 축복하라:
 하나님의 눈으로 바라보는 훈련

2강 식탁을 베풀라:
　　하나님의 마음으로 나누는 훈련
3강 귀 기울여 들으라:
　　하나님의 뜻으로 기도하는 훈련
4강 예수를 배우라:
　　그리스도의 성품을 닮아가는 훈련
5강 삶을 기록하라:
　　하나님의 보내심을 인식하는 훈련

이 과정을 잘 통과한다면 당신은 상당히 건강한 성도로 바뀔 것이다.

어떤 결단?

쉽게 지나가려고 하지 말라.
대충 대답하려고 하지 말라.
빨리 끝내려고 하지 말라.
깊은 질문을 피하지 말라.

대면하고, 인내하고, 성실하게 답변하라.
나의 인생을 재해석하는 일이다.
그리고 이 과정은 당신의 남은 평생을 좌우할 수 있다.

이 또한 당신의 결정이다.
이제 자신의 현실을 목도하자.
나를 고치고, 씻고, 담고,
회복하기 위한 문을 활짝 열고 들어가자.

주님이 당신을 기다리고 계신다.

MY STORY >
HIS STORY >
OUR STORY >

1강

진심으로 축복하라:
하나님의 눈으로
바라보는 훈련

"나는 아직도 이것만은 확신한다.
내가 살아 있는 이 땅에서 여호와의 선하심을 보리라"
(시 27:13, 현대인의성경).

1. 하나님은 선하시다

"주님은 자비롭고, 은혜로우시며, 노하기를 더디 하시며, 사랑이 그지없으시다. 두고두고 꾸짖지 않으시며, 노를 끝없이 품지 않으신다. 우리 죄를, 지은 그대로 갚지 않으시고 우리 잘못을, 저지른 그대로 갚지 않으신다. 하늘이 땅에서 높음같이, 주님을 두려워하는 사람에게는, 그 사랑도 크시다. 동이 서에서부터 먼 것처럼, 우리의 반역을 우리에게서 멀리 치우시며, 부모가 자식을 가엾게 여기듯이, 주님께서는 주님을 두려워하는 사람을 가엾게 여기신다"(시 103:8-13, 새번역 성경).

❓ 이 말씀을 내가 이해한 대로, 나의 말로 설명해보자.

"우리가 그에게서 듣고 너희에게 전하는 소식은 이것이니 곧 하나님은 빛이시라 그에게는 어둠이 조금도 없으시다는 것이니라"(요일 1:5).

> ❓ '어둠'에 포함되는 것들은 무엇일까? (우울, 분노, 숨겨진 의도, 질병 등)
> '하나님께는 어둠이 조금도 없으시다'는 말이
> 어떤 의미로 다가오는가?

_____

_____

_____

_____

> ❓ 나에게 하나님에 대한 오해가 있다면 무엇인가?
> 그 이유를 적고 나눠보자.

_____

_____

_____

_____

"주는 선하시고 주께서 행하시는 일도 선합니다. 나에게 주의 법을 가르치소서"(시 119:68, 현대인의성경).

> ❓ 선하신 하나님이 행하시는 선한 일은 무엇일까?

_____

_____

_____

_____

"예수 그리스도께서는 어제나 오늘이나 영원히 한결같은 분이십니다"(히 13:8, 새번역 성경).

❓ '예수님은 한결같으시다'는 말이 나에게 주는 의미는 무엇인가? 내 삶 속에서 하나님이 한결같으시다고 느꼈던 경험을 이야기해보자.

"너희는 여호와의 선하심을 맛보아 알지어다 그에게 피하는 자는 복이 있도다"(시 34:8).

❓ 내 삶에서 하나님의 선하심을 맛보게 해주는 것들은 무엇인가?

이 해 하 기

하나님은 선하시며, 그분이 하시는 일도 항상 선하고, 나를 향한 그분의 마음과 생각도 변함없이 선하다. 이 사실은 나에게 어떤 의미가 있는가? 이것이 사실이라면 하나님에 대한 나의 이해와 경험 중 바뀌어야 할 것들은 무엇인가?

2. 하나님의 눈으로 바라보기

"하나님이 세상을 이처럼 사랑하사 독생자를 주셨으니 이는 그를 믿는 자마다 멸망하지 않고 영생을 얻게 하려 하심이라"(요 3:16).

> **하나님이 사랑하셨다(사랑하신다)는 세상은 무엇(누구)이라 생각하는가?
> 세상을 향한 하나님의 뜻과 마음에 대해 나눠보자.**

"혹 네가 하나님의 인자하심이 너를 인도하여 회개하게 하심을 알지 못하여 그의 인자하심과 용납하심과 길이 참으심이 풍성함을 멸시하느냐"(롬 2:4).

> **하나님의 인자하심(kindness)이 회개로 이끈다는 말을 어떻게 이해하는가? 왜 그렇게 생각하는가?
> 내 삶에서 경험한 적이 있다면 나눠보자.**

❓ 이 말씀이 사실이라면 우리가 불신자를 바라보는 관점과 대하는 자세에 구체적으로 적용할 수 있는 것들은 무엇일까?

___

___

___

___

___

___

___

"너희는 그 은혜에 의하여 믿음으로 말미암아 구원을 받았으니 이것은 너희에게서 난 것이 아니요 하나님의 선물이라 행위에서 난 것이 아니니 이는 누구든지 자랑하지 못하게 함이라"(엡 2:8-9).

이 해 하 기

함께하는 사람들 혹은 주변 사람들에게 하나님의 선하심을 경험한 때나 사건에 대해 질문해보자. 그들의 이야기에서 발견되는 '선하신 하나님'의 요소들은 무엇인가?

OUR STORY >

3. 선하신 하나님을 소개하기

"하나님의 말씀을 너희에게 일러 주고 너희를 인도하던 자들을 생각하며 그들의 행실의 결말을 주의하여 보고 그들의 믿음을 본받으라 예수 그리스도는 어제나 오늘이나 영원토록 동일하시니라"(히 13:7-8).

> ❓ 모든 것이 다 변해도 결코 변함없는 것들이 있다. (예수 그리스도가 누구이신지, 그리고 그분을 전심으로 따른 자들의 삶에 맺힌 열매들과 영원히 남을 이야기 등) 지금 나는 어떤 가치와 열매를 위해 살아가고 있는가?

"보내심을 받지 아니하였으면 어찌 전파하리요 기록된 바 아름답도다 좋은 소식을 전하는 자들의 발이여 함과 같으니라"(롬 10:15).

> ❓ 가지 않으면 전할 수 없다는 말에 동의하는가?
> 나는 어떻게 선하신 하나님을 알고 만나게 되었는가?

"그러나 여러분은 택하심을 받은 족속이요, 왕과 같은 제사장들이요, 거룩한 민족이요, 하나님의 소유가 된 백성입니다. 그래서 여러분을 어둠에서 불러내어 자기의 놀라운 빛 가운데로 인도하신 분의 업적을, 여러분이 선포하는 것입니다"(벧전 2:9, 새번역 성경).

> 나의 존재 자체가 사람들에게 메시지가 된다는 사실을 어떻게 생각하는가?
> 주변 사람들이 나를 통해 경험해야 하는 하나님은 어떤 분이신가?

_____

_____

_____

"보내심을 받지 아니하였으면 어찌 전파하리요 기록된 바 아름답도다 좋은 소식을 전하는 자들의 발이여 함과 같으니라"(롬 10:15).

> 우리가 경험한 선하신 하나님을 다른 사람들에게 소개할 수 있는 구체적인 방법들을 생각해보자.

_____

_____

_____

이 해 하 기

선하신 하나님에 대해 설명하고 증명하는 것과 증인 되는 것의 차이는 무엇일까? 사람들에게 성경책을 선물할 수는 있지만 억지로 읽게 만들 수는 없다. 하지만 일상 가운데 그들은 우리의 모습은 항상 보게 된다. 내가 걸어 다니는 성경책이 되고 사람들이 나를 읽게 된다면, 그들이 나를 통해 보게 되고 알게 되는 하나님은 어떤 분이신가? 혹은 하나님이 어떤 분으로 읽히고 이해되기를 원하는가?

4. 귀 기울이기

"주 너의 하나님이 너와 함께 계신다. 구원을 베푸실 전능하신 하나님이시다. 너를 보고서 기뻐하고 반기시고, 너를 사랑으로 새롭게 해주시고 너를 보고서 노래하며 기뻐하실 것이다"(습 3:17, 새번역 성경).

> 나를 기뻐하시는 하나님의 모습을 떠올려보자.
> 하나님이 지금 나를 향해 어떤 표정을 지으시며
> 무슨 말씀을 하실 것 같은가?

> 내가 늘 마주치게 되는 사람들(가족, 직장 동료, 동네 주민 등) 중
> 하나님을 알지 못하는 한 사람을 떠올려보자.
> 그 사람에게 하나님은 어떤 표정을 지으시며
> 무슨 말씀을 하실 것 같은지 하나님께 물어보고
> 떠오르는 모습과 단어 혹은 문장을 적어보자.

나의 말로 정리하기

- 앞에서 소개된 말씀들 중 가장 마음에 와닿는 구절은 무엇인가?

- 그 말씀을 어떻게 이해했는지 나의 말로 풀어서 설명해보라.

- 사람들과 함께 나눈다면 어떻게 이야기하고 싶은가?

- 이 말씀으로 나눌 수 있는 이야기(간증, 그림, 사람 등)를 생각해보라.

- 삶에서 이 말씀이 적용될 수 있는 구체적인 방법들을 적어보라.

- 나 자신과 사람들에게서 기대할 수 있는 변화는 무엇인가?

적용하기

필자가 섬겼던 교회에는 신청자들을 대상으로 3박 4일간 진행한 프로그램이 있었다. 그 프로그램에 참여한 사람들 중 많은 이가 은혜와 변화를 경험하기도 했다. 그럴 수 있었던 가장 큰 요인 중 하나는 진행된 프로그램이나 강의늘 자체보다 봉사자들의 모습이었다. 참석자들은 자신들을 헌신적으로 섬기며 친절하고 겸손하게 봉사하는 이들의 모습을 보고 많은 감동과 도전을 받았다고 입을 모았다.

그러나 문제는 그곳에서 돌아온 뒤의 상황이었다. 3박 4일간 천사처럼 섬기던 이들이 일상으로, 그리고 교회로 돌아오면 그들 또한 원래 알던 모습으로 돌아오고 평소에 대하던 방식대로 대하더라는 것이다. 결국 그들이 보여주었던 친절과 섬김은 그 프로그램만을 위한 것이라고밖에는 볼 수 없다. 참석자들에게 감동을 주고자 잠시 썼던 가면에 불과한 것이다. 만약 그렇다면 오히려 역효과를 낼 수 있으며 지속적인 변화와 도전으로 이끌 수 없음을 깨달아야 한다.

여기서 알 수 있는 몇 가지 중요한 교훈이 있다.

1. 사람들은 자기에게 보이는 친절한 행동과 밝은 얼굴 표정 하나에 생각보다 많은 감동을 받는다.
2. 작은 것이라 할지라도 진정성이 담기면 큰 영향을 끼칠 수 있다.
3. 남에게 보이기 위한 것이 아닌 내 라이프 스타일이 되는 것이 중요하다.

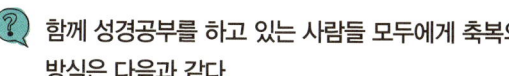 함께 성경공부를 하고 있는 사람들 모두에게 축복의 말을 전해보자. 방식은 다음과 같다.

1. 한 사람을 두고 나머지 사람들이 돌아가며 그를 처음 보았을 때 느꼈던 긍정적인 면 하나만 이야기한다.
2. 단어나 문장도 좋고, 그를 볼 때 떠오르는 이미지나 그림도 괜찮다.
3. 문장은 한 문장으로 제한하며, 그 문장에 대한 부가적인 설명은 하지 않는다.
4. 모든 사람이 순서대로 이야기한 뒤 축복의 말을 받은 사람이 소감을 짧게 이야기한다.
5. 한 사람에 대한 축복이 끝나면 그다음 사람에 대해서도 같은 식으로 반복한다.

실습하기

1. 한 주 동안 스트레스를 받거나 어렵고 힘든 상황을 마주할 때마다 '선하신 하나님'을 다시금 기억하고 다음 말씀을 묵상하자.

"우리가 알거니와 하나님을 사랑하는 자 곧 그의 뜻대로 부르심을 입은 자들에게는 모든 것이 합력하여 선을 이루느니라"(롬 8:28).

2. 한 주 동안 적어도 세 명에게 작지만 구체적인 친절을 베풀자.
(예를 들어, 미소 짓기, 격려하는 말 하기, 카드 쓰기, 작은 선물 주기 등)

3. 적어도 한 명에게 그 사람이 전혀 알 수 없는 방법으로 축복과 격려를 전달하자.

4. 그 어느 때보다 지금 '선하신 하나님'에 대한 경험이 필요한 사람을 한 명 떠올려보자. 하나님께 "지금 그에게 가장 필요한 도움은 무엇인가요? 그를 향한 하나님의 선하심이 구체적으로 어떻게 표현되기를 원하시나요?"라고 물어보고 기다리자. 떠오르는 생각이나 아이디어들을 적고 그대로 실천해보자.

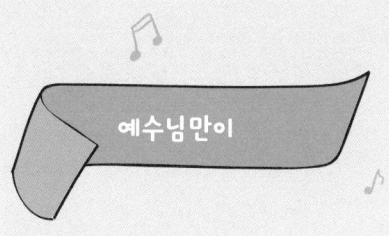

예수님만이

_ 이상현

목마른 자들은 예수께로 가자.
아파하는 자들도 예수께로 가자.
그 어떤 오랜 아픔도, 포기해왔던 마음도
단 한 번의 만짐으로 회복되리.

외로운 자들은 예수께로 가자.
절망한 자들도 예수께로 가자.
그와 누리는 사랑은, 그가 주시는 평안은
이 세상 어디서도 찾을 수 없네.

예수님만이, 오직 그 이름만이
묶였던 우릴 자유케 하고 다시 새롭게 만드시네.
예수님만이.

헤매는 자들은 예수께로 가자.
두려운 자들도 예수께로 가자.
내일을 아시는 주가 너의 내일이 되시니
오늘 너는 주 안에서 평안하라.

떠나온 자들은 다시 돌아가자.
잊었던 주님을 다시 바라보자.
우리는 그를 놓았어도 그 손 우리를 놓은 적 없어
이제 우리 다시 다시 돌아가자.

● '하나님의 인자하심이 우리를 인도하여 회개하게 하신다'는 말씀처럼(롬 2:4), 예수님만이 우리를 이해하시고, 만져주시고, 자유케 하신다는 고백의 가사에 집중해보라. "우리는 그를 놓았어도 그 손 우리를 놓은 적 없어 이제 우리 다시 다시 돌아가자"라는 가사를 통해 선하신 하나님께 나아가게 된다.

QR코드를 스캔해 유튜브(www.youtube.com)에서 곡을 감상해보세요.

MY STORY >
HIS STORY >
OUR STORY >

2강

식탁을 베풀라:
하나님의 마음으로 나누는 훈련

"만약 복음이 가난한 자, 억압받는 자, 마음이 상한 자,
그리고 갇힌 자에게는 나쁜 소식이 되고 교만한 자, 스스로 의롭다 생각하는 자,
특권을 누리는 자에게는 좋은 소식이 된다면
그것은 더 이상 예수 그리스도의 복음이 아니다."
– 베스 무어

OUR STORY >

1. 먹는다는 것의 의미

    요즘 TV를 보면 요리 혹은 음식과 관련한 프로그램들이 넘쳐난다. 이런 현상은 미국이나 한국 할 것 없이 비슷한 것 같다. 음식 전문 케이블 채널들이 있는가 하면, 한국의 '먹방'이 한류의 한 지류를 형성하고 있을 정도다. "살기 위해 먹는가, 아니면 먹기 위해 사는가?"라는 질문은 햄릿의 "죽느냐 사느냐, 그것이 문제로다"라는 독백만큼 해석과 입장의 차이가 분분하다. 하지만 먹고 마시는 것은 분명 이 땅에서 살아가는 모든 사람이 피할 수 없는 일차적인 문제다.

❓ 나에게 있어서 먹고 마시는 문제는 어떤 의미인가?

_____

_____

_____

_____

_____

❓ 가장 기억나는 음식은 무엇이며,
   그 음식과 관련된 사람 또는 이야기는 무엇인가?

_____

_____

_____

_____

"내가 내려가서 그들을 애굽인의 손에서 건져 내고 그들을 그 땅에서 인도하여 아름답고 광대한 땅, 젖과 꿀이 흐르는 땅 곧 가나안 족속, 헷 족속, 아모리 족속, 브리스 족속, 히위 족속, 여부스 족속의 지방에 데려가려 하노라"(출 3:8).

> 하나님이 이스라엘 백성을 애굽에서 이끌어내신 목적은 무엇인가? 하나님이 예비하신 가나안 땅에 대한 설명을 어떻게 생각하는가?

_____

_____

_____

_____

_____

"그뿐 아니라 하나님을 대적하여 말하기를 하나님이 광야에서 식탁을 베푸실 수 있으랴"(시 78:19).

> 이스라엘 백성이 광야에서 하나님을 대적하고 불평했던 이유가 무엇일까?

_____

_____

_____

_____

_____

"여호와는 나의 목자시니 내게 부족함이 없으리로다 그가 나를 푸른 풀밭에 누이시며 쉴 만한 물가로 인도하시는도다 내 영혼을 소생시키시고 자기 이름을 위하여 의의 길로 인도하시는도다 내가 사망의 음침한 골짜기로 다닐지라도 해를 두려워하지 않을 것은 주께서 나와 함께하심이라 주의 지팡이와 막대기가 나를 안위하시나이다 주께서 내 원수의 목전에서 내게 상을 차려 주시고 기름을 내 머리에 부으셨으니 내 잔이 넘치나이다 내 평생에 선하심과 인자하심이 반드시 나를 따르리니 내가 여호와의 집에 영원히 살리로다"(시 23:1-6).

❓ "내게 부족함이 없으리로다"라는 고백이 나에게는 무슨 의미인가?

❓ '푸른 풀밭과 쉴 만한 물가'가 의미하는 것은 무엇일까?

🅀 사망의 음침한 골짜기를 벗어나자마자 마주하게 되는 것은 무엇인가? (5절) 그 의미가 무엇일까?
시편 23편을 통해 알 수 있는 하나님의 모습은 어떠한가?

_____
_____
_____
_____

"그러므로 염려하여 이르기를 무엇을 먹을까 무엇을 마실까 무엇을 입을까 하지 말라"(마 6:31).

🅀 예수님의 권면에 담겨 있는 의미와 그 이유는 무엇이라 생각하는가?

_____
_____
_____
_____
_____
_____

이 해 하 기

먹고 마시는 문제에 대한 나의 이해와 하나님의 이해는 어떤 점에서 비슷하고, 어떤 부분에서 다른가? 가장 일차원적인 필요들에 대한 하나님의 마음은 어떠하다고 생각하는가?

2. 우리의 정체성

"그런즉 너희는 먼저 그의 나라와 그의 의를 구하라 그리하면 이 모든 것을 너희에게 더하시리라"(마 6:33).

❓ '먼저 그의 나라와 그의 의를 구하는 것'은 무슨 뜻일까?
이 말씀에 대한 구체적인 실천 방안을 생각하고 나눠보자.

_____

_____

_____

"예수께서 들으시고 배를 타고 떠나사 따로 빈 들에 가시니 무리가 듣고 여러 고을로부터 걸어서 따라간지라 예수께서 나오사 큰 무리를 보시고 불쌍히 여기사 그중에 있는 병자를 고쳐 주시니라 저녁이 되매 제자들이 나아와 이르되 이곳은 빈 들이요 때도 이미 저물었으니 무리를 보내어 마을에 들어가 먹을 것을 사 먹게 하소서 예수께서 이르시되 갈 것 없다 너희가 먹을 것을 주라"(마 14:13-16).

❓ 빈 들로 찾아온 사람들에게 예수님이 하신 일들(사역)은 무엇인가?
(막 6:34; 눅 9:11 참고)

_____

_____

_____

_____

❓ 제자들은 예수님께 무엇을 요청했으며, 왜 그랬을까?

❓ 제자들의 요청에 대한 예수님의 답은 무엇이며,
그 의도는 무엇이라 생각하는가?
여기서 생각해볼 수 있는 우리의 정체성은 무엇일까?

"인자는 와서 먹고 마시매 너희 말이 보라 먹기를 탐하고 포도주를 즐기는 사람이요 세리와 죄인의 친구로다 하니"(눅 7:34).

❓ 예수님에 대한 이런 평가를 통해 우리가 알 수 있는 것들은 무엇일까?

❓ 식탁을 함께 한다는 것은 어떤 의미인가?

3. 환대 베풀기

"임금이 대답하여 이르시되 내가 진실로 너희에게 이르노니 너희가 여기 내 형제 중에 지극히 작은 자 하나에게 한 것이 곧 내게 한 것이니라 하시고"(마 25:40).

> 예수님은 왜 '지극히 작은 자 하나'에게 한 것이 임금, 즉 하나님께 한 것이라고 말씀하셨을까?

"가난한 자를 불쌍히 여기는 것은 여호와께 꾸어 드리는 것이니 그의 선행을 그에게 갚아 주시리라"(잠 19:17).

> 가난한 자, 연약한 자, 스스로를 보호할 수 없는 자(고아와 과부)들에 대한 하나님의 마음을 나눠보자.
> 그 마음을 이해하고 헤아리는 것은 어떻게 표현될 수 있을까?

"또 자기를 청한 자에게 이르시되 네가 점심이나 저녁이나 베풀거든 벗이나 형제나 친척이나 부한 이웃을 청하지 말라 두렵건대 그 사람들이 너를 도로 청하여 네게 갚음이 될까 하노라 잔치를 베풀거든 차라리 가난한 자들과 몸 불편한 자들과 저는 자들과 맹인들을 청하라 그리하면 그들이 갚을 것이 없으므로 네게 복이 되리니 이는 의인들의 부활 시에 네가 갚음을 받겠음이라 하시더라"(눅 14:12-14).

> 환대와 관련해 이 말씀을 통해 알 수 있는 것들은 무엇인가? 세상에서 말하는 환대와 성경에서 이야기하는 환대의 차이는 무엇인가? 그 이유를 나눠보자.

이 해 하 기

하나님의 마음을 이해하는 것과 사람들을 환대하는 것, 그리고 관대하게 대하는 것(being generous)은 하나님의 마음을 나누는 것과 어떻게 연결되는가?

4. 귀 기울이기

"성도들의 쓸 것을 공급하며 손 대접하기를 힘쓰라"(롬 12:13).

"손님 대접하기를 잊지 말라 이로써 부지중에 천사들을 대접한 이들이 있었느니라"(히 13:2).

"불평 없이 서로 따뜻하게 대접하십시오"(벧전 4:9, 새번역 성경).

❓ 이 말씀들을 곰곰이 묵상하고, 평소에 생각하지 못했던 깨달음이 있다면 적어보자.

_____
_____
_____
_____
_____

❓ 바로 지금 나의 환대와 관대함을 필요로 하는 사람이 누구인지 하나님께 물어보고 잠시 기다리자. 떠오르는 사람이 있다면 적어보자.

_____
_____
_____
_____
_____

나의 말로 정리하기

- 앞에서 소개된 말씀들 중 가장 마음에 와닿는 구절은 무엇인가?

- 그 말씀을 어떻게 이해했는지 나의 말로 풀어서 설명해보라.

- 사람들과 함께 나눈다면 어떻게 이야기하고 싶은가?

- 이 말씀으로 나눌 수 있는 이야기(간증, 그림, 사람 등)를 생각해보라.

- 삶에서 이 말씀이 적용될 수 있는 구체적인 방법들을 적어보라.

- 나 자신과 사람들에게서 기대할 수 있는 변화는 무엇인가?

적용하기

"싫어하는 사람과 다른 것들은 함께 할 수 있어도 밥을 함께 먹는 것은 불가능하다." 어떤 분이 필자에게 했던 말이다. 마음이 맞지 않는 사람과 식탁을 함께 나눈다는 것은 쉽지 않은 일이다. 식탁을 나누는 것은 그저 음식을 같이 먹는 것 이상의 의미가 있기 때문이다. 그것은 나의 삶에 그 사람의 삶을 포함시키는 것이다. 집의 문뿐 아니라 사실은 내 마음의 문을 열어 맞이하는 것이다. 일차적이고 기본적인 필요를 채우는 것뿐 아니라 모든 사람의 마음 깊은 곳에 있는 소속과 연결이라는 필요를 채우는 것이다.

그렇기에 반대로, 마음이 맞지 않고 열려 있지 않은 사람과 함께 식탁을 나눈다면 서로의 마음이 열리고 연결될 수도 있을 것이다. 서로에 대한 선입견이나 무장이 해제되고, 그 사람에 대한 호의가 생겨나고, 또 표현될 수 있다.

성경에서 말하는 환대 및 나눔과 관련해서
나의 생각과 관점이 바뀐 부분이 있다면 나눠보자.

오랜만에 고향이나 부모님 댁을 방문하면 가장 먼저 받는 것이 음식상이다. 거기에는 음식이 아니라 마음과 관심, 그리고 사랑과 환대가 담겨 있다.

> 앞으로 식탁을 대할 때 지금과는 다르게 가져야 할
> 새로운 생각과 자세, 그리고 기대는 무엇일까?

실습하기

1. 일상생활 속에서 지나치거나 만나게 되는 사람들 중 '낯선 사람'(stranger)이라고 부를 수 있는 사람을 생각해보고 그의 이름이나 하는 일, 혹은 그 사람에 대한 묘사를 적어보자.

2. 그에게는 어떤 필요들이 있을지 생각하고 적어보자. 그리고 한 주 동안 그 필요를 채워줄 수 있는 방법들을 실천해보자.

3. 집으로 초대해 함께 식사를 한다면 격려받고 좋아할 만한 사람들을 떠올려보자. 그중 한 명을 집으로 초대해(여의치 않다면 식당에서) 식탁 교제를 나눠보자.

4. 양육 때문에 지친 젊은 아기 엄마, 혼자 생활하고 있는 학생, 수술 후 회복 중인 환자, '혼밥'을 밥 먹듯이 하는 이웃 등 하나님의 마음이 향하고 있다고 느껴지는 사람들을 적어보자. 그들에게 하나님의 마음을 나눌 수 있는 방법들을 생각해보자.

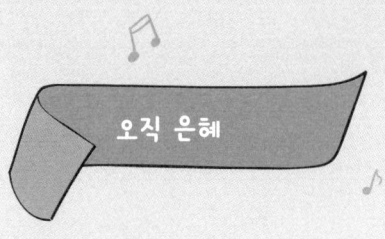

오직 은혜

_ 이상현

우리가 얻은 이 구원 하나님 선물이니
너와 나의 공로 아닌 오직 주의 은혜라.
내세울 것 하나 없고 숨길 것도 없음은
내게 있는 모든 것이 은혜라.

오직 은혜 주님의 그 은혜가
너와 나를 살게 했고 살아가게 하시니.
오직 은혜 주님의 그 은혜만
그 안에서만 나 살아가리라 은혜로만.

지금 우리 노래하는 하나님의 은혜는
어제나 오늘이 같고 내일도 변함없어.
흠이 많고 넘어져도 포기하지 않음은
그 은혜가 나를 붙드심이라.

● 우리의 구원도 하나님의 은혜이고, 오늘 우리가 매 순간 살아가는 것도 하나님의 은혜다. 그렇기에 하나님의 마음을 품고 "오직 주님의 그 은혜 안에서만 살아가겠다"고 고백하며 나 자신을 은혜의 통로로 다른 이들에게 내어주는 삶이 우리의 이야기다.

QR코드를 스캔해 유튜브(www.youtube.com)에서 곡을 감상해보세요.

MY STORY >
HIS STORY >
OUR STORY >

3강

귀 기울여 들으라:
하나님의 뜻으로
기도하는 훈련

"기도는 우리로 하나님을 바라보게 해주며,
하나님의 눈으로 세상을 바라보게 해준다."
– 진영훈

1. 듣는 것으로부터 시작하라

"이스라엘아 들으라 우리 하나님 여호와는 오직 유일한 여호와이시니 너는 마음을 다하고 뜻을 다하고 힘을 다하여 네 하나님 여호와를 사랑하라"(신 6:4-5).

"그러므로 믿음은 들음에서 나며 들음은 그리스도의 말씀으로 말미암았느니라"(롬 10:17).

> 예수님이 인용하신 가장 크고 첫째 되는 계명이
> "이스라엘아 들으라"라는 말씀으로 시작한다는 점에 주목하자.
> 또한 "믿음은 들음에서 난다"는 말씀에 귀 기울이자.
> '듣는 것'의 의미와 중요성을 나눠보자.

"내 양은 내 음성을 들으며 나는 그들을 알며 그들은 나를 따르느니라"(요 10:27).

❓ '주님의 양은 예수님의 음성을 듣는다'는 말을 어떻게 이해하는가?

_____
_____
_____
_____
_____
_____
_____

"예수께서 대답하여 이르시되 기록되었으되 사람이 떡으로만 살 것이 아니요 하나님의 입으로부터 나오는 모든 말씀으로 살 것이라 하였느니라 하시니"(마 4:4).

❓ '하나님의 입으로부터 나오는 말씀'이란 무엇을 의미하는가?

_____
_____
_____
_____
_____
_____
_____

2. 하나님의 뜻대로 기도해야 한다

"그러므로 너희는 이렇게 기도하라 하늘에 계신 우리 아버지여 이름이 거룩히 여김을 받으시오며 나라가 임하시오며 뜻이 하늘에서 이루어진 것같이 땅에서도 이루어지이다"(마 6:9-10).

> '하늘에서 이루어진 하나님의 뜻'은 무엇이며,
> 왜 이 땅에서 이루어져야 하는가?
> 그리고 그 과정에서 기도의 역할은 무엇일까?

"그러나 진리의 성령이 오시면 그가 너희를 모든 진리 가운데로 인도하시리니 그가 스스로 말하지 않고 오직 들은 것을 말하며 장래 일을 너희에게 알리시리라"(요 16:13).

> '성령님이 우리에게 말씀하신다'는 말을 어떻게 이해하는가?
> 또한 성령님이 말씀하시는 내용과 목적이 무엇이라 생각하는가?

"이와 같이 성령도 우리의 연약함을 도우시나니 우리는 마땅히 기도할 바를 알지 못하나 오직 성령이 말할 수 없는 탄식으로 우리를 위하여 친히 간구하시느니라"(롬 8:26).

성령님이 우리의 연약함을 도우시는 방법은 무엇인가? 그 결과 우리에게 오게 되는 것은 무엇인가?

_____
_____
_____
_____
_____
_____

"너희가 기도할 때에 무엇이든지 믿고 구하는 것은 다 받으리라 하시니라"(마 21:22).

"다 받으리라"라는 말씀에 포함되지 않는 것은 무엇인가? 이 말씀은 항상 참이라고 믿는가? 이 말씀과 나의 경험 사이에 차이가 존재한다면 그 이유는 무엇일까?

_____
_____
_____
_____
_____
_____

"그를 향하여 우리가 가진 바 담대함이 이것이니 그의 뜻대로 무엇을 구하면 들으심이라 우리가 무엇이든지 구하는 바를 들으시는 줄을 안즉 우리가 그에게 구한 그것을 얻은 줄을 또한 아느니라"(요일 5:14-15).

> '그의 뜻대로' 구하는 기도에 대해 각자의 생각을 나눠보자.
> 이 말씀이 기도 응답과 관련해서 말하고 있는 것은 무엇인가?

3. 귀 기울이기

기도 중 우리가 들을 수 있는 음성을 간단히 세 가지로 구분해보면 다음과 같다.

1. 하나님의 음성: 하나님은 항상 진리만을 말씀하신다.
2. 사탄의 음성: 사탄은 항상 거짓을 말하며, 그것을 통해 우리 안에 두려움, 혼돈, 분노, 수치심, 책임 전가 등을 불러일으킨다.
3. 나의 음성: 내가 필요한 것, 원하는 것, 나를 편하게 해주는 것들을 말하며, 대체로 '자기'에 집중되어 있다.

예) 직장 동료를 보는데 갑자기 어떤 생각이 떠오른다. '김 팀장, 겉으로는 웃고 있지만 왠지 슬픈 일이 있는 것 같아. 가서 말이라도 걸어볼까? 위로나 격려가 필요한 것 같은데.' 하지만 순식간에 다른 생각이 치고 들어온다. '잠깐! 괜한 오지랖이라고 비난하면 어쩌지? 속으로만 그렇게 생각하는 게 아니라 다른 직원들 앞에서 말로 나에게 면박을 주면 어떡하지? 이상한 사람으로 찍히면 회사 생활 꼬일 텐데.' 그렇게 주저하고 있는 사이 또 다른 생각이 슬며시 말을 건다. '그것 봐. 너는 그렇게 항상 우유부단해. 사람들의 시선이 신경 쓰여서 위로가 필요한 사람을 외면하겠다는 거 아냐? 교회에서는 사람들에게 세상 착한 사람인 양 온갖 친절을 베풀면서 직장에서는 웃음기 싹 빼고 자기 계산적으로 사람을 대하고 있잖아? 너는 교회 안에서와 교회 밖에서의 모습이 완전히 다른, 이중적이고 가식적인 사람이야.'

세 가지 음성을 구분할 수 있겠는가? 분명한 공식이 있다거나 모든 생각을 이런 식으로 나눠야 한다는 이야기는 아니다. 다만 대략적인 특성을 살피면 하나님의 음성을 더 잘 분별해 더욱 귀를 기울일 수 있을 것이다.

❓ "하나님! 지금 저와 함께 한 가지 일을 할 수 있다면
무엇을 하고 싶으세요?"라고 질문하고 잠시 기다려보자.
떠오르는 단어나 장면 혹은 생각이 있으면 적어보자.

_____

_____

_____

_____

_____

_____

_____

_____

❓ "하나님! 왜 이 일을 지금 저와 함께 하고 싶으신가요?
어떤 의미가 있나요?"라고 다시 물어보자.
하나님의 설명을 기다렸다가 적어보자.

_____

_____

_____

_____

_____

_____

_____

_____

나의 말로 정리하기

- 앞에서 소개된 말씀들 중 가장 마음에 와닿는 구절은 무엇인가?

- 그 말씀을 어떻게 이해했는지 나의 말로 풀어서 설명해보라.

- 사람들과 함께 나눈다면 어떻게 이야기하고 싶은가?

- 이 말씀으로 나눌 수 있는 이야기(간증, 그림, 사람 등)를 생각해보라.

- 삶에서 이 말씀이 적용될 수 있는 구체적인 방법들을 적어보라.

- 나 자신과 사람들에게서 기대할 수 있는 변화는 무엇인가?

실습하기

이번 실습은 기도문을 만드는 것이다. 다음 안내를 따라 기도문을 작성해보자.

〈말씀으로 기도문 만들기〉
1. 성경에 기록된 기도문을 나의 기도문으로 바꿔보자.

> 예) 에베소서 1장 17-19절 바울의 기도: "하나님! 저에게 지혜와 계시의 영을 주셔서 하나님을 더 잘 알게 해주세요. 제 마음의 눈을 밝혀주셔서 저를 향한 하나님의 부르심의 소망이 무엇인지 알게 해주시고, 저에게 허락하신 기업의 영광의 풍성함이 어떤지 깨닫게 해주세요."

2. 다른 성경 말씀들도 나의 기도문으로 바꿔서 기도하자.

    예) 이사야 58장 6-8절: "하나님! 하나님이 진정으로 기뻐하시는 금식을 하기 원합니다. 그저 음식을 멀리하며 내가 원하는 응답을 요구하는 금식이 아니라 악한 것에 결박되어 있는 사람들이 자유하게 되는 일들을 보기 원합니다. 특별히 어떤 문제로 중독에 빠져 있는 ○○○를 위해 기도합니다. 주님의 자녀가 그것에서 놓임 받아 진정으로 자유하고 기뻐할 수 있게 해주세요. 또한 도움과 관심이 필요한 사람들에게 환대와 사랑을 베풀기 원합니다. 제 마음과 우리 집의 문을 열 때 그들의 마음과 문제의 문도 활짝 열어주셔서 하나님의 선하고 아름다운 뜻이 이루어지게 해주세요. 이 모든 과정 속에서 치유와 회복이 일어나게 해주시고 하나님의 영광의 빛이 우리 모두를 둘러 감싸게 해주세요."

〈개인적인 기도문 만들기〉

1. 최근 기도를 필요로 하는 상황(문제, 사람 등)이 있다면 종이에 적어보자.

2. 앞에서 함께 살펴본 '하나님의 선하심'에 대해 다시 떠올려보자.

3. 하나님이 내 삶 가운데 행하신 선한 일들과 베푸신 선한 것들에 대해 구체적으로 감사하는 시간을 갖자.

4. 일련의 과정을 통해 새롭게 알고 경험하게 된 하나님의 성품(능력, 지혜 등)을 인정하고 하나님을 높여드리는 찬양의 시간을 갖자. 최근 계속 흥얼거리거나 마음에 많이 와닿는 찬양이 있으면 직접 부르거나 듣는 것도 좋다.

5. 기도문을 작성할 대상이 되는 상황(문제, 사람 등)을 하나님께 자세히 말씀드리자. 하나님은 그 상황(문제, 사람 등)을 어떻게 보고 계시는지 물어보자.

6. 충분한 시간을 가지고 조용히 기다리자.

7. 잘 떠오르지 않으면 성령님께 도움을 요청하는 기도를 드리자. 그리고 다시 잠잠히 기다리며 귀를 기울이자.

8. 기도 중 떠오르는 생각이나 단어, 감정, 문장이 있으면 잠깐 스쳐지나가는 것 혹은 지극히 평범해 보이는 것이라 할지라도 일단 적어두자.

9. 하나님과 대화를 나눌 수 있는 기도 시간을 주신 것에 감사드리며 계속해서 하나님을 높여드리는 말을 하거나 찬양을 부르자.

10. 반복적으로 떠오르는 단어나 생각을 문장으로 정리해보자.

주여 말씀하소서

_ 이상현

주여 당신의 한마디가 나를 살립니다.
세상 어떤 위로보다 내겐 간절합니다.
주여 당신의 한마디가 날 일으킵니다.
넘어진 나를 붙들어 다시 세우십니다.

오늘도 주 앞에 나와 내 귀를 엽니다.
내게 말씀하셔서 나를 새롭게 하소서.

주여 말씀하소서 내가 듣겠나이다.
나의 귀를 드리니 주의 눈을 주소서.
주여 말씀하시니 내가 걷겠나이다.
주의 눈으로 나의 가야 할 길 보게 하소서.

● "나의 귀를 드리니 주의 눈을 주소서"라는 가사가 우리가 나눈 성경공부의 메시지를 잘 요약하고 있다. 우리가 하나님께 귀를 기울일 때 하나님의 뜻을 알게 된다. 그리고 하나님의 뜻을 깨닫게 될 때 그분의 마음과 눈으로 우리 자신, 처한 상황, 당면한 문제, 마주하는 사람들을 바라보게 된다.

QR코드를 스캔해 유튜브(www.youtube.com)에서 곡을 감상해보세요.

MY STORY >
HIS STORY >
OUR STORY >

4강

예수를 배우라:
그리스도의 성품을 닮아가는 훈련

"아들을 소유한 자는
모든 것을 소유한 자다."
- 진영훈

1. 하나님의 형상

"하나님이 이르시되 우리의 형상을 따라 우리의 모양대로 우리가 사람을 만들고 그들로 바다의 물고기와 하늘의 새와 가축과 온 땅과 땅에 기는 모든 것을 다스리게 하자 하시고 하나님이 자기 형상 곧 하나님의 형상대로 사람을 창조하시되 남자와 여자를 창조하시고"(창 1:26-27).

❓ 성경은 우리가 하나님의 형상을 따라 창조되었다고 말한다.
그 의미는 무엇일까?

___

"우리가 알거니와 하나님을 사랑하는 자 곧 그의 뜻대로 부르심을 입은 자들에게는 모든 것이 합력하여 선을 이루느니라 하나님이 미리 아신 자들을 또한 그 아들의 형상을 본받게 하기 위하여 미리 정하셨으니 이는 그로 많은 형제 중에서 맏아들이 되게 하려 하심이니라"(롬 8:28-29).

❓ "모든 것이 합력하여 선을 이루느니라"라는 말씀은
우리가 익히 알고 있고 또 많은 사람이 좋아하는 구절이다.
29절까지 함께 읽은 후 그 의미를 다시 한 번 생각해보자.
새롭게 깨달은 내용이 있다면 나눠보자.

"나의 자녀들아 너희 속에 그리스도의 형상을 이루기까지 다시 너희를 위하여 해산하는 수고를 하노니"(갈 4:19).

❓ 사도 바울이 '해산하는 수고'라고 표현하면서까지 이루고자 하는 목표는 무엇인가?

"우리가 다 하나님의 아들을 믿는 것과 아는 일에 하나가 되어 온전한 사람을 이루어 그리스도의 장성한 분량이 충만한 데까지 이르리니"(엡 4:13).

❓ '그리스도의 장성한 분량이 충만한 데까지 이르는 것'은 어떤 모습을 뜻할까? 나의 생각과 해석을 이야기해보자.

2. 예수를 바라보기

"내가 그리스도와 함께 십자가에 못 박혔나니 그런즉 이제는 내가 사는 것이 아니요 오직 내 안에 그리스도께서 사시는 것이라 이제 내가 육체 가운데 사는 것은 나를 사랑하사 나를 위하여 자기 자신을 버리신 하나님의 아들을 믿는 믿음 안에서 사는 것이라"(갈 2:20).

❓ "더 이상 나 자신을 위해 살지 않고 나를 사랑하사 자기 생명을 내어주신 왕을 위해 사는 자가 바로 크리스천이다"라는 정의를 어떻게 생각하는가?
내 안에 계신 그리스도를 믿는 믿음이란 어떤 믿음일까?

"너희는 너희가 하나님의 성전인 것과 하나님의 성령이 너희 안에 계시는 것을 알지 못하느냐"(고전 3:16).

"예수를 죽은 자 가운데서 살리신 이의 영이 너희 안에 거하시면 그리스도 예수를 죽은 자 가운데서 살리신 이가 너희 안에 거하시는 그의 영으로 말미암아 너희 죽을 몸도 살리시리라"(롬 8:11).

> "우리 안에 계신 성령님은 오직 한 가지 사이즈(size)이시다."
> 이 말은 무슨 의미일까?
> 로마서 8장 11절을 읽고 깨달은 점을 나눠보자.
> 이 말씀을 진심으로 믿을 때 어떤 이해와 경험의 변화가 있을까?

_____
_____
_____
_____

"우리가 다 수건을 벗은 얼굴로 거울을 보는 것같이 주의 영광을 보매 그와 같은 형상으로 변화하여 영광에서 영광에 이르니 곧 주의 영으로 말미암음이니라"(고후 3:18).

> 바라보는 것과 변화는 어떤 상관관계가 있을까?
> 예수님을 바라본다는 것은 어떤 의미이며,
> 어떻게 하는 것인지 생각해보고 나눠보자.

_____
_____
_____
_____
_____

3. 예수님처럼

"그러므로 예수께서 그들에게 이르시되 내가 진실로 진실로 너희에게 이르노니 아들이 아버지께서 하시는 일을 보지 않고는 아무것도 스스로 할 수 없나니 아버지께서 행하시는 그것을 아들도 그와 같이 행하느니라"(요 5:19).

"이에 예수께서 이르시되 너희가 인자를 든 후에 내가 그인 줄을 알고 또 내가 스스로 아무것도 하지 아니하고 오직 아버지께서 가르치신 대로 이런 것을 말하는 줄도 알리라"(요 8:28).

"예수께서 이르시되 나의 양식은 나를 보내신 이의 뜻을 행하며 그의 일을 온전히 이루는 이것이니라"(요 4:34).

예수님이 보이신 모범

- 예수님은 무슨 일이든지 하나님과 대화하셨다(청사진을 가지고 있지 않으셨다).
- 예수님은 항상 하나님의 말씀에 순종하셨다(억지로 하지 않으셨다).
- 예수님은 모든 상황을 하나님의 눈으로 보셨다(문제를 문제로 보지 않으셨다).

예수님은 죄가 없는 인간이 하나님과 친밀한 교제를 누리며 성령의 능력으로 살아갈 때 어떤 일들을 할 수 있으며, 어떤 삶을 살 수 있는지를 우리에게 모범으로 보여주셨다.

"내가 진실로 진실로 너희에게 이르노니 나를 믿는 자는 내가 하는 일을 그도 할 것이요 또한 그보다 큰 일도 하리니 이는 내가 아버지께로 감이라"(요 14:12).

예수님처럼 살아간다는 것이 무슨 의미인가?

4. 귀 기울이기

"새벽 아직도 밝기 전에 예수께서 일어나 나가 한적한 곳으로 가사 거기서 기도하시더니 시몬과 및 그와 함께 있는 자들이 예수의 뒤를 따라가 만나서 이르되 모든 사람이 주를 찾나이다 이르시되 우리가 다른 가까운 마을들로 가자 거기서도 전도하리니 내가 이를 위하여 왔노라 하시고"(막 1:35-38).

❓ 이 말씀을 곰곰이 묵상하고
평소에 생각하지 못했던 깨달음이 있다면 적어보자.

_____
_____
_____
_____
_____
_____

❓ 내가 예수님에 대해 지금까지 보지 못했고 깨닫지 못했던 모습
한 가지만 알려달라고 하나님께 기도하자. 잠시 기다렸다 적어보자.

_____
_____
_____
_____
_____
_____

나의 말로 정리하기

- 앞에서 소개된 말씀들 중 가장 마음에 와닿는 구절은 무엇인가?

- 그 말씀을 어떻게 이해했는지 나의 말로 풀어서 설명해보라.

- 사람들과 함께 나눈다면 어떻게 이야기하고 싶은가?

- 이 말씀으로 나눌 수 있는 이야기(간증, 그림, 사람 등)를 생각해보라.

- 삶에서 이 말씀이 적용될 수 있는 구체적인 방법들을 적어보라.

- 나 자신과 사람들에게서 기대할 수 있는 변화는 무엇인가?

적용하기

사복음서를 계속 반복해서 읽으며
1. 예수님이 하신 말씀들,
2. 예수님이 하신 일들,
3. 예수님이 보이신 모습들에 집중하며 정리해보자.

💬 특별히 지금까지 알지 못했고 보지 못했던 것들을 발견할 때마다 따로 적어두고 그 의미를 생각해보자.

실습하기

1. 갈라디아서 5장 22-26절에 나오는 성령의 열매들을 각각 살펴보고 기도의 제목들로 만들어보자.

2. 고린도전서 13장 4-7절에 나오는 사랑의 정의를 각각 살펴보고 기도의 제목들로 만들어보자.

3. 사도행전 2장 17-18절, 누가복음 9장 1-2절, 마가복음 16장 15-18절, 사도행전 5장 12-16절을 각각 읽어보라.

깃듦

_ 이상현

내가 나의 예수님과 십자가에 죽었으니
이제는 내가 사는 것이 아니요
내 안에 계신 주만 사시고

이제 이 몸을 입고서 이 땅에서 살아감은
날 사랑해서 자기 몸을 버리신
그 아들 믿는 믿음만으로 삶이라.

내 안에 주님이 깃들어 사시고
내가 주님 안에 깃들어 사는 것.
사나운 바람이 내 삶 흔들어도
나 결코 놓을 수가 없는 것.

내 안에 사랑이 깃들어 사시고
내가 사랑 안에 깃들어 사는 것.
끝을 알 수 없는 광야를 지나도
나 끝내 붙잡을 한 가지.

● 예수를 배우는 것은 곧 예수를 닮아가는 삶이다. '내 안에 주님이 깃들어 사시고 내가 주님 안에 깃들어 사는 삶'이 신비로운 연합이다. 예수님을 모시고 내 삶의 현장 속으로 나아가 나를 통해 그분이 보시고, 만지시고, 말씀하시고, 품으시도록 하는 것이 우리의 이야기가 된다.

QR코드를 스캔해 유튜브(www.youtube.com)에서 곡을 감상해보세요.

MY STORY >
HIS STORY >
OUR STORY >

5강

삶을 기록하라:
하나님의 보내심을
인식하는 훈련

"우리에게 필요한 두 가지 확신:
하나님을 떠나서는 아무것도 할 수 없다.
하나님과 함께라면 무엇이든 할 수 있다."
- 진영훈

OUR STORY >

1. 세상 속으로

한 미국 교회에서 예배를 드리고 나가려는데 로비 출입문 위에 다음 글귀가 쓰여 있었다. "당신은 이제 선교지로 들어가게 됩니다"(You are about to enter the mission field). 참 맞는 말이라고 생각했다.

예배와 훈련, 그리고 교제는 교회 안에서 이루어지지만 진정한 의미에서의 사역은 교회 밖에서 이루어져야 한다. 하나님이 우리의 삶을 판단하시는 기준은 '주일 오전'의 모습이 아니라 '월요일 오전', 혹은 '금요일 밤'의 모습일 것이다. 즉 나의 일상 속에서 보이는 모습이 진정한 나 자신이며, 하나님은 세상 속을 살아가는 나의 삶을 주목해 보신다.

"예수께서 또 이르시되 너희에게 평강이 있을지어다 아버지께서 나를 보내신 것같이 나도 너희를 보내노라 이 말씀을 하시고 그들을 향하여 숨을 내쉬며 이르시되 성령을 받으라"(요 20:21-22).

예수님이 제자들을 보내시는 곳은 어디인가?
그 이유는 무엇이라 생각하는가?

_____
_____
_____
_____
_____

"그러므로 형제들아 내가 하나님의 모든 자비하심으로 너희를 권하노니 너희 몸을 하나님이 기뻐하시는 거룩한 산 제물로 드리라 이는 너희가 드릴 영적 예배니라 너희는 이 세대를 본받지 말고 오직 마음을 새롭게 함으로 변화를 받아 하나님의 선하시고 기뻐하시고 온전하신 뜻이 무엇인지 분별하도록 하라"(롬 12:1-2).

> **진정한 의미의 예배는 우리의 일상 속에서도 이루어져야 한다.
> 이 말씀의 의미에 대해 함께 나눠보자.**

_____
_____
_____
_____
_____
_____

"무슨 일을 하든지 마음을 다하여 주께 하듯 하고 사람에게 하듯 하지 말라 이는 기업의 상을 주께 받을 줄 아나니 너희는 주 그리스도를 섬기느니라"(골 3:23-24).

> **'하나님께 하듯 하다'라는 말은 무슨 의미일까?
> 내 삶에 구체적으로 적용할 수 있는 방안을 함께 나눠보자.**

_____
_____
_____
_____
_____
_____

2. 언약적 교제 그룹 만들기

우리의 인생 여정은 혼자 가는 길이 아니다. 가장 중요하게는 하나님과 동행하는 길이며, 또한 믿음의 지체들과 함께 걷는 길이다.

빌리 그레이엄 목사의 아내 루스 그레이엄이 죽기 전에 남긴 부탁의 말이 있다. 어느 날 루스는 차를 타고 가던 중 길가에 세워져 있는 표지판을 보게 되었다. 그리고 그 표지판에 적힌 글귀를 자신의 무덤 묘비에 새겨달라고 부탁했다. 그녀가 하나님께 돌아간 후 그녀의 묘비에 부탁했던 글귀가 새겨졌는데 그 내용은 다음과 같다. "이제 공사가 끝났습니다. 그동안 인내해주셔서 감사합니다"(End of Construction! Thanks for your patience).

참 감동적이면서도 멋있는 묘비명 아닌가? 탁월한 인격을 가진 놀라운 신앙인이었던 루스의 고백이기에 더욱 큰 의미로 다가온다. 자신의 일생을 하나님이 만들어 가시는 공사에 비유하면서, 자신이 사랑했던 사람들, 그리고 자신에게 의미가 있었던 사람들을 향한 진심 어린 고백을 담은 것이다. 만들어져 가고 있었기에 부족한 것이 많은 자신이었지만, 그것을 이해하고 인내하며 사랑하고 받아준 사람들에 대한 그녀의 사랑과 감사가 큰 울림으로 마음에 남았다.

우리는 세상 속을 살아가는 주님의 제자들이다. 그 가운데 큰 격려와 위로, 도전과 용기를 얻을 수 있도록 하나님은 우리에게 언약의 공동체를 허락해주셨다. 언약적 교제를 나누는 공동체의 모습에 대해 간단히 소개하겠다.

언약적 교제 그룹 형성하기

1. 서로를 축복하기 원하라.

"그리스도 안에서 여러분은 서로 격려하고 있습니까? 그리스도의 사랑으로 서로 위로하며 성령으로 교제하고 있습니까? 그리고 서로 친절과 동정을 베풀고 있습니까? 그렇다면 한마음 한뜻으로 같은 사랑을 가지고 하나가 되어 내 기쁨을 충만하게 하십시오. 무슨 일이든지 다툼이나 허영으로 하지 말고 겸손한 마음으로 자기보다 남을 낫게 여기며 자기 이익만 생각하지 말고 남의 이익도 생각하십시오"(빌 2:1-4, 현대인의성경).

당신의 생각 가운데 다른 사람들이 늘 있게 하라. 서로의 필요와 사정에 동참하라. 서로를 감동시킬 기회들을 친절함과 너그러운 마음을 가지고 항상 살피고 찾음으로 서로가 서로에게 축복이 되게 하라.

2. 불편하거나 대가를 지불해야 하는 일들을 행하라.

'철이 철을 날카롭게 하는 관계'가 되어라. 각자의 사명을 온전히 이루어갈 수 있도록 힘과 격려를 아끼지 말라. 이를 위해 불편하거나 대가를 지불해야 하는 일들도 기꺼이 감당하라.

3. 더 큰 기름 부으심을 위한 도구들을 갖출 수 있도록 도와주라.

언약적 교제를 형성하는 또 다른 열쇠는 내가 가지고 있는 도구들과 자원들을 다른 사람들에게 제공해주는 것이다. 서로를 위해 기도하며, 하나님이 주시는 말씀으로 서로 격려하며 중보하라. 하나님이 그들에게 기회의 문을 열어주실 때 내가 줄 수 있는 도움을 아끼지 말라.

4. 보호막을 형성하라.

직장 동료나 가족들, 심지어 친구들조차 이해해주지 못하는 꿈과

비전들이 사그라들지 않도록 보호해주라. 그들의 이야기를 진심으로 들어주고, 믿음으로 동의하며, 하나님이 주신 꿈과 열정이 계속해서 자라갈 수 있는 안전한 환경을 서로에게 만들어주라.

5. 서로 함께하는 시간을 소중히 여기라.

일에 쫓기고 일상이 바쁘다 보면 시간을 내는 것이 점점 더 어려워진다. 그렇기에 함께하는 시간이 더욱 소중하다. 언약적 친구들과 함께하는 시간을 소중히 여기고 또 기대하라. 커피 한 잔을 같이 마시는 것도 좋다. 소중한 것을 소중히 여기라. 우리가 서로 사랑하는 모습을 보고 사람들은 우리가 예수님의 제자인 줄 알게 될 것이다.

6. 언약적인 대화를 나누라.

다음은 언약적 관계를 표현한 말들이다. "저는 당신을 제 마음에 품고 있습니다", "당신은 항상 제 생각과 기도 가운데 있습니다", "제가 가진 권리들을 당신에게 드립니다", "저는 당신을 축복합니다", "당신의 약한 부분을 제 강점으로 채워드리겠습니다", "당신을 결코 떠나거나 버리지 않겠습니다", "당신을 섬길 때 저는 힘이 납니다."

7. 기뻐하는 자들과 함께 기뻐하고 슬퍼하는 자들과 함께 슬퍼하라.

언약적 관계에서는 내가 성취한 일들을 함께 나누고 함께 기뻐하게 된다. 그럴 때 믿음과 보호가 서로에게 더 깊이 심어진다. 나의 승리에 대해 기뻐해주는 사람들이 주변에 있을 때 내 삶은 더욱 아름다워진다. 가슴 아픈 일을 당할 때도 사람들이 내 손을 붙잡고 앞으로 웃게 될 미래를 상기시켜준다. 약하고 피곤해질 때도 사람들이 나를 격려하고, 보호하고, 내게 힘이 되어줄 것이다.

3. 귀 기울이기

> 언약적 교제를 필요로 하는 이들을 떠올려보자.
> 그들을 위해 내가 무엇을 해야 하는지, 어떻게 표현해야 하는지
> 하나님께 물어보자.

나의 말로 정리하기

- 앞에서 소개된 말씀들 중 가장 마음에 와닿는 구절은 무엇인가?

- 그 말씀을 어떻게 이해했는지 나의 말로 풀어서 설명해보라.

- 사람들과 함께 나눈다면 어떻게 이야기하고 싶은가?

- 이 말씀으로 나눌 수 있는 이야기(간증, 그림, 사람 등)를 생각해보라.

- 삶에서 이 말씀이 적용될 수 있는 구체적인 방법들을 적어보라.

- 나 자신과 사람들에게서 기대할 수 있는 변화는 무엇인가?

적용하기

존 맥스웰이 SNS에 올린 글이다.

1. 타성에 젖은 영역(coasting zone): 가능한 최소한만 한다.
2. 안전한 영역(comfort zone): 늘 해왔던 일들만 한다.
3. 도전적인 영역(challenging zone): 지금까지 해보지 않은 일을 시도한다.
4. 창조적인 영역(creative zone): 지금까지 생각해보지 않은 것들을 생각한다.

💬 **나는 어느 영역에 속하는가?**

_____
_____
_____
_____
_____
_____
_____

　창조주 하나님께 가까워질수록 창조적이 되고 창의적인 생각을 품게 되는 것이 자연스럽다. 우리는 하나님이 주신 창의력과 상상력을 사용해 하나님의 선하심과 아름다우심을 표현하고 누려가야 한다.

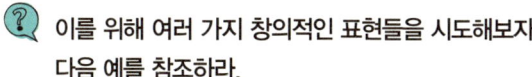 이를 위해 여러 가지 창의적인 표현들을 시도해보자.
다음 예를 참조하라.

1. 기도 중 떠오른 사람을 위해 직접 카드를 만들거나 하나님의 마음을 잘 표현할 수 있는 신선한 방법들을 시도해보자(그림, 조각 등).
2. 오고 가며 지나치는 사람들을 보며 "하나님! 저 사람을 향한 하나님의 마음과 생각을 알려주세요"라고 묻는 습관을 들이자. 용기를 내어 잠깐이라도 나눠보자.
3. 일기를 꾸준하게 적어보자. 말씀을 읽으며 받은 깨달음, 기도 중 주신 생각들, 순간순간 떠오르는 아이디어나 그림 등을 기록해두자.
4. 질문들을 적어두자. 사소한 질문이라도 적고 하나님께 물어보자. 그리고 그 질문에 대한 답을 찾게 되었을 때도 옆에 정리해두자.
5. 하나님만이 하실 수 있고, 하나님만이 주실 수 있는 것들을 꿈꾸고, 기도하고, 기대하자.

실습하기

1. 예전에 기록했던 일기를 꺼내 다시 읽어보자. 이미 응답된 것들이나 발견한 해답들이 있는지 살펴보자. 하나님이 내 삶 가운데 하신 일들과 베푸신 은혜들에 감사하는 시간을 갖자.

2. 내가 가지고 있는 재능이나 자원들을 적어보자. 다른 사람들을 축복하는 데 사용할 수 있는 것들을 생각해보고 한 주간 실습해 보자.

_ 이상현

모든 것이 주님의 은혜라면
내 삶에 당연한 것은 하나 없네.
고르고 골라 내게 주신 것이라면
내 삶에 버릴 것은 전혀 없네.

메마른 땅에서도 날 만족케 하시며
나로 물이 끊이지 않는 샘 만드실 주님.
나의 피곤한 무릎 일으켜주시며
지금도 나를 인도하시네.

● 하나님의 안목으로 우리 삶을 바라볼 때 비로소 발견하게 되는 진리들이 있다. "모든 것이 주님의 은혜이기에 내 삶에 당연한 것은 하나도 없다"는 것이 그 하나이고, "고르고 골라서 내 삶에 주신 순간들과 사람들이기에 버릴 것은 전혀 없다"는 고백이 또 하나다. 피곤하고 지칠 때도 있지만, 지금도 나를 인도하시는 주님의 손 붙잡고 걸어가는 여정은 우리에게 단 한 번 주어진 특별한 선물이요 축복이다.

QR코드를 스캔해 유튜브(www.youtube.com)에서 곡을 감상해보세요.

사명선언문

너희가 흠이 없고 순전하여……세상에서 그들 가운데 빛들로
나타내며 생명의 말씀을 밝혀 _ 빌 2:15-16

1. 생명을 담겠습니다
만드는 책에 주님 주신 생명을 담겠습니다.
그 책으로 복음을 선포하겠습니다.

2. 말씀을 밝히겠습니다
생명의 근본은 말씀입니다.
말씀을 밝혀 성도와 교회의 성장을 돕겠습니다.

3. 빛이 되겠습니다
시대와 영혼의 어두움을 밝혀 주님 앞으로 이끄는
빛이 되는 책을 만들겠습니다.

4. 순전히 행하겠습니다
책을 만들고 전하는 일과 경영하는 일에 부끄러움이 없는
정직함으로 행하겠습니다.

5. 끝까지 전파하겠습니다
모든 사람에게, 땅 끝까지, 주님 오시는 그날까지
복음을 전하는 사명을 다하겠습니다.

서점 안내

광화문점 서울시 종로구 새문안로 69 구세군회관 1층
02)737-2288 / 02)737-4623(F)

강남점 서울시 서초구 신반포로 177 반포쇼핑타운 3동 2층
02)595-1211 / 02)595-3549(F)

구로점 서울시 동작구 시흥대로 602, 3층 302호
02)858-8744 / 02)838-0653(F)

노원점 서울시 노원구 동일로 1366 삼봉빌딩 지하 1층
02)938-7979 / 02)3391-6169(F)

분당점 경기도 성남시 분당구 황새울로 315 대현빌딩 3층
031)707-5566 / 031)707-4999(F)

일산점 경기도 고양시 일산서구 중앙로 1391 레이크타운 지하 1층
031)916-8787 / 031)916-8788(F)

의정부점 경기도 의정부시 청사로47번길 12 성산타워 3층
031)845-0600 / 031)852-6930(F)

인터넷서점 www.lifebook.co.kr